EL LIBRO DE RECETAS DE MUG CAKE: 50 DELICIOSAS IDEAS DE RECETAS

1. Edición - 2021

Hemos comprobado cuidadosamente todas las recetas. No obstante, advertimos que no garantizamos la exactitud de la información proporcionada. Por lo tanto, excluimos cualquier responsabilidad del autor o del editor por cualquier daño a la propiedad, lesión personal o pérdida financiera.

Copyright © 2021 Arkady Müller, Digital Upgrade

Quedan reservados todos los derechos, especialmente el de reproducción, distribución y traducción. Ninguna parte de esta obra puede ser reproducida, procesada, duplicada o distribuida sin permiso.

ÍNDICE DE CONTENIDOS

Tarta de limón
Tarta de chocolate triple
Tarta de chocolate y café
Mug cake de chocolate (sin huevo)
Mug cake de chocolate y crema
Mug cake de tres nueces (sin harina, sin chocolate)
Mug cake navideño con espéculos
Mug cake con dátiles (Paleo, sin azúcar añadido)
Mug cake de rollo de canela (sin huevo)
Mug cake de frambuesas y arándanos con menta
Tarta de café
Brownie de chocolate fundido (sin huevo)
Mug cake de yogur y bayas
Tarta de taza baja en carbohidratos
Pastel de proteínas en taza
Mug cake de caramelo crujiente (sin hornear)
Mug cake de Banana Split (sin leche)
Tarta de cerezas
Mug cake con remolacha
Mug cake de galletas crujientes (sólo 3 ingredientes)
Tarta de coco para tazas
Mug cake sin gluten (vegano, sin levadura)
Mug cake de leche condensada al ron
Probablemente la tarta más fácil del mundo
Mug cake de mantequilla de cacahuete (vegano)
Mug cake de vainilla-fresa-crujiente

- Mug cake de vainilla y avena
- Tarta de taza Power Matcha
- Mug cake de caramelo sin huevo
- Mug cake con limonada de naranja
- Mug cake de capuchino con chocolate blanco
- Mug cake con trozos de fruta (sin levadura)
- Tarta de nueces con helado de chocolate
- Tarta de ciruelas y ponche de huevo
- Mug cake de requesón con melocotón fresco (sin azúcar añadido)
- Mug cake vegano: Receta básica
- Pastel de taza de donuts
- Tarta de suero de leche
- Tarta de la selva negra (sin alcohol)
- Mug cake con arándanos y semillas de amapola
- Tarta de Piña Colada
- Mug-Cheesecake (sin harina)
- Mug cake sin harina
- Mug cake de manzana y canela
- Tarta de chocolate con menta
- Pastel de taza de confeti
- Gracias
- Descargo de responsabilidad + Pie de imprenta

BIENVENIDO.

¡Bienvenido, querido lector! ¿Quieres disfrutar de un delicioso trozo de pastel pero no quieres pasar decenas de horas en la cocina? Entonces ha llegado al lugar adecuado.

Este libro le mostrará muchas recetas deliciosas y sencillas que podrá preparar en pocos minutos.

Vamos a ver cómo hacer deliciosos mug cakes tan fácilmente como un pastel. Seguro que aquí encontrarás creaciones creativas y deliciosas.

Hay que reconocer que a todos nos ha pasado: querer hornear algo dulce y de repente darnos cuenta de que faltan algunos ingredientes. No te preocupes. Si no tienes leche, huevos, levadura en polvo o chocolate a mano, puedes saltar al lugar apropiado del libro. Te mostraremos algunas recetas para las que no necesitarás ningún huevo.

No se necesita un molde para tartas, ya que una taza de café estándar es totalmente suficiente. A diferencia de los pasteles clásicos que conocemos, los tiempos de preparación de los mug cakes son extremadamente cortos.

Sólo se tarda entre 2 y 4 minutos, y tienes el postre perfecto para entretenerte. Por cierto, todas las recetas que aparecen aquí están pensadas para una ración. Si quieres preparar varias, sólo tienes que ajustar las cantidades.

El tiempo de cocción depende siempre de tu microondas y puede variar según la potencia. De vez en cuando, puede ser útil dar la vuelta al mug cake. Una prueba con palillos siempre te dirá si tu mug cake está listo o si debes meterlo un poco más en el microondas.

Por cierto: También puedes hornear tus mug cakes en el horno si no tienes microondas. El tiempo de horneado es entonces, en la mayoría de los casos alrededor de un cuarto de hora, a 180 grados en la rejilla del medio.

¡Esperamos que te diviertas mucho y disfrutes horneándolos!

ES BUENO SABERLO

Recomendamos untar las tazas con un poco de mantequilla antes de prepararlas. El spray para hornear también funciona, ya que puedes retirar fácilmente el pastel de taza y ahorrar mucho esfuerzo al enjuagarlo.

¿SIGUES UNA DIETA VEGANA?

Si sigues una dieta vegana, también puedes utilizar alternativas de origen vegetal. En lugar de leche, puedes probar con leche de almendras o de avena. En lugar de mantequilla, la margarina también funciona bien. Además, hay docenas de sustitutos del huevo disponibles, que también puedes utilizar para tus mug cakes. Así que, si eres vegano, no tienes que perderte estas deliciosas recetas y puedes recrearlas fácilmente.

NOTA

En este libro, hablaremos a menudo de té y cucharadas. Si necesita información más detallada sobre los gramos o mililitros exactos, no dude en utilizar estos valores:

Una cucharadita equivale a unos cinco gramos de azúcar, y una cucharadita de mantequilla equivale a cinco gramos, o a unos 5 ml de líquido (leche, agua, etc.).

Por otra parte, una cucharada rasa corresponde a unos 10 gramos de harina, 10 gramos de azúcar o unos 10 ml de líquido.

Una punta de cuchillo tiene unos 0,3 gramos de pólvora.

Con esta información, deberías estar realmente preparado para las deliciosas recetas, que vamos a ver ahora.

Así que empecemos de inmediato.

RECETAS

TARTA DE LIMÓN

Empecemos con una receta deliciosa, refrescante y a la vez fácil. Especialmente para los días de verano o para los retortijones de hambre entre horas, este mug cake afrutado y con sabor a limón es lo más adecuado. Sabe a limón fresco pero sigue conservando su típico sabor pastoso. ¡Perfecto para las vacaciones de verano!

Tiempo de preparación: 5-10 minutos
Porciones: Para una porción

Ingredientes:
- 25 gramos de mantequilla
- Un huevo (tamaño medio)
- 50 gramos de azúcar
- 40 ml de leche (equivalente a unas tres cucharadas)
- Cinco cucharadas de harina de trigo (unos 40 gramos)
- Una porción de polvo de hornear
- Dos o tres cucharaditas de zumo de limón

Instrucciones:
La preparación de este delicioso mug cake es sencilla.
1. Coge una taza y mezcla la mantequilla derretida con el huevo y el azúcar.
2. Añade un poco de harina, leche, dos cucharaditas de zumo de limón y levadura en polvo hasta conseguir una buena masa.
3. A continuación, ponga esta mezcla en el microondas durante 2 minutos a 600 vatios.

Opcionalmente, puede espolvorear el mug cake de limón terminado con un poco de azúcar en polvo. Basta con mezclar una cucharadita de zumo de limón con dos cucharadas de azúcar en polvo para conseguir un glaseado perfecto.

TARTA DE CHOCOLATE TRIPLE

¿Le gusta el chocolate? A nosotros también. La próxima vez que vuelvas a tener antojos, deberías probar este mug cake de triple chocolate. Está garantizado que satisfará tu antojo de chocolate y tiene un sabor absolutamente fantástico.

Tiempo de preparación: 7 minutos
Porciones: Para una porción

Ingredientes:
- Tres trozos de chocolate negro
- Tres trozos de chocolate blanco
- Tres trozos de chocolate con leche
- 25 gramos de mantequilla
- Dos cucharadas de azúcar
- Tres cucharadas de leche
- Cinco cucharadas de harina de trigo
- Rollos de chocolate o chocolate decorativo para la cobertura
- Un huevo (tamaño medio)

Instrucciones:
1. Calentar el chocolate junto con la mantequilla al baño María hasta que ambos se fundan.
2. Añadir los huevos, la leche y el azúcar a la mezcla y mezclar bien.
3. A continuación, añada la levadura en polvo y la harina hasta obtener una masa uniforme.
4. Calentar la masa en el microondas durante 2 minutos a 700 vatios hasta que el pastel suba.
5. Puedes decorar el mug cake con rollos de chocolate u opcionalmente con chocolate decorativo fundido para la cobertura.

CONSEJO

Utilizamos harina de trigo para la mayoría de las recetas. Sin embargo, también puede utilizar harina de espelta o integral si lo prefiere.

TARTA DE CHOCOLATE Y CAFÉ

Para muchos, una taza de café por la mañana es indispensable. Así que, ¿por qué no probar a hacer un delicioso mug cake con café instantáneo? Incluso los que encuentran el café demasiado amargo seguro que le cogen el gusto.

Tiempo de preparación: 10-15 minutos (incluyendo el agua hirviendo para el café).
Porciones: Para una porción

Ingredientes:
- Media cucharadita de café instantáneo + 50 ml de agua caliente.
- Dos cucharadas de azúcar
- Medio huevo
- Una cucharada de leche
- Una porción de polvo de hornear
- 40 gramos de chocolate negro
- Dos cucharadas de harina
- Una cucharada de mantequilla
- Dos cucharaditas de azúcar en polvo
- 30 ml de café
- Opcional: chispas de chocolate

Instrucciones:
1. Mezclar el café instantáneo con la mantequilla derretida y añadir el chocolate derretido.
2. Incorporar el azúcar, el huevo y la leche y añadir la harina y la levadura en polvo.
3. Poner la masa en el microondas durante unos 2 minutos, a 700 vatios.
4. Mientras el mug cake está en el microondas, puedes mezclar dos cucharaditas de azúcar en polvo con 50 ml de café y verterlo sobre el pastel. Opcionalmente, cúbrelo con unas deliciosas chispas de chocolate.

Puedes disfrutar de este mug cake maravillosamente con una taza de café.

TARTA DE CHOCOLATE - CHIP - MUG (SIN HUEVO)

Una receta sencilla pero increíblemente deliciosa. ¿Qué podría ser mejor que un indulgente pastel de chocolate? Una vez que prepares esta receta, sabrás exactamente por qué tiene un sabor tan delicioso. Por cierto, puedes hacer esta receta aunque no tengas huevos en casa. Las pepitas de chocolate se derretirán un poco y se mezclarán con la masa esponjosa.

Tiempo de preparación: 10 minutos
Porciones: Para una porción

Ingredientes:
- 25 gramos de azúcar moreno de caña crudo
- 2-3 gotas de extracto de vainilla
- Una pizca de sal
- Una cucharada de nata o leche
- Un poco de polvo de hornear
- 40 gramos de harina
- Dos cucharadas de chips de chocolate
- Una bola de helado de vainilla

Instrucciones:
1. Mezclar la mantequilla con el extracto de vainilla y dejar que se derrita.
2. A continuación, se añade el azúcar y la leche/nata. Una pizca de sal hace que el chocolate sepa un poco mejor.
3. Mezclar cuidadosamente todo con una cuchara.
4. Añade las pepitas de chocolate. Si no tienes ninguno a mano, puedes picar un poco de chocolate negro y añadirlo a la masa.
5. Introduce la mezcla en el microondas durante 40 segundos, esta vez a 900 vatios. Las pepitas de chocolate se derretirán un poco y la masa quedará bien tierna.
6. Por último, coloca una bola de helado de vainilla sobre el mug cake y disfruta.

TARTA DE CHOCOLATE

¿Es usted un fan de la crema de chocolate? A nosotros también. Por eso, aquí llega un delicioso mug cake con relleno de crema de chocolate. No sólo es delicioso, sino que además se puede preparar en un abrir y cerrar de ojos. A los que les guste más el sabor a nueces, pueden espolvorear un poco de almendras picadas o quebradas por encima. ¡Disfruta de la comida!

Tiempo de preparación: 10 minutos
Porciones: Para una porción

Ingredientes:
- 30 gramos de mantequilla
- 30 gramos de crema de chocolate
- Almendras picadas para la cobertura
- 1 ½ cucharaditas de cacao para hornear
- Dos cucharadas de leche
- Un huevo (tamaño medio)
- 40 gramos de harina
- Una cucharada de nueces picadas

Instrucciones:
1. Mezclar la mantequilla derretida con 20 gramos de crema de chocolate, el cacao de repostería y la leche.
2. Añadir las nueces picadas, la harina y el huevo y remover la mezcla suavemente.
3. Introducir en el microondas a 800 vatios durante 2 minutos.
4. Servir en un plato y untar con 10 gramos de crema de chocolate.
5. Opcionalmente, espolvorear con almendras picadas y cortadas en trozos pequeños.

MUG CAKE DE TRES NUECES (SIN HARINA, SIN CHOCOLATE)

Si no te gusta el chocolate o quieres una versión con nueces, esta receta es perfecta para ti. El mug cake de triple nuez ni siquiera es tan poco saludable. Opcionalmente, incluso se puede preparar con un sustituto del eritritol/azúcar para ahorrar unas cuantas calorías.

Tiempo de preparación: 10 minutos
Porciones: Para una porción

Ingredientes:
- Tres cucharadas de aceite
- Dos cucharadas de avellanas
- Una cucharada de nueces
- Una cucharada de almendras
- Tres cucharadas de leche
- Una porción de polvo de hornear
- Una cucharadita de azúcar de vainilla
- Tres cucharadas de azúcar o eritritol
- Un huevo (tamaño medio)

Instrucciones:
1. Machacar un poco las nueces con un mortero, según la consistencia deseada.
2. A continuación, mezcle aproximadamente el 90% de los frutos secos con el azúcar/sustituto del azúcar, el azúcar de vainilla y la levadura en polvo.
3. Batir el huevo con una batidora de varillas y añadir la mezcla de frutos secos en un bol aparte. Incorporar la leche y el aceite hasta que se forme una masa uniforme.
4. Calienta la mezcla en el microondas a 800 vatios durante 2 minutos. Después, utilice un cuchillo para desprenderla del borde de la taza. Servir en un plato y espolvorear las nueces restantes por encima.

Un poco de mermelada de cereza tiene un sabor fantástico con este pastel de nueces.

CONSEJO

El tiempo de preparación puede variar. Siempre depende del microondas y de la potencia. Por eso, si tu mug cake no está del todo hecho, te recomendamos que continúes con el microondas a intervalos de 15 segundos. Sigue comprobando el resultado entre medias. De este modo, te aseguras de que tu mug cake tenga éxito.

MUG CAKE NAVIDEÑO CON SPECULOOS

¡Ho, ho, ho! La Navidad está a la vuelta de la esquina. (Bueno, tal vez no...) Casi no importa en qué estación estemos, porque este pastel especial para tazas siempre cae bien. Los speculoos con especias suelen estar a la venta ya en octubre. Y si no los encuentras, siempre puedes pedirlos por Internet. Puede ser tan sencillo como esto. Si lo sirves con una bola de helado de vainilla, esta receta es sin duda una de las creaciones más deliciosas. ¡Es suficiente para que se te haga la boca agua!

Tiempo de preparación: 15 minutos
Porciones: Para una porción

Ingredientes:
- 40 gramos de harina
- Un huevo (tamaño medio)
- Un paquete de azúcar de vainilla
- Dos cucharadas de aceite
- Una porción de polvo de hornear
- Tres galletas speculaas
- Una cucharada de cacao en polvo
- Dos cucharadas de leche
- 1,5 cucharadas de azúcar
- Una bola de helado de vainilla

Instrucciones:
1. Desmenuzar dos galletas speculaas y mezclarlas con el huevo, la leche, el aceite, la harina y la levadura en polvo.
2. Batir un huevo en un bol aparte con un batidor de varillas y añadir la mezcla.
3. Añadir el cacao en polvo y el azúcar+azúcar de vainilla y calentar en el microondas a 600 vatios durante unos 4 minutos.
4. Saque el pastel terminado de la taza y sírvalo con una bola de helado de vainilla.
5. Poner una galleta de speculaas en la bola de helado y disfrutar.

MUG CAKE CON DÁTILES (PALEO, SIN AZÚCAR AÑADIDO)

¿Busca una receta deliciosa que además sea apta para vegetarianos? Entonces le encantará este mug cake. Es un proveedor de energía natural, se compone casi exclusivamente de ingredientes saludables y es un delicioso tentempié entre comidas.

Tiempo de preparación: 15 minutos
Porciones: Para una porción

Ingredientes:
- 50 gramos de dátiles
- 15 gramos de aceite de coco
- Un huevo (tamaño medio)
- 10 gramos de cacao en polvo
- 40 gramos de avellanas
- 10 gramos de harina de coco
- Una porción de polvo de hornear con cremor tártaro

Instrucciones:
1. Poner el aceite de coco derretido en un bol y mezclarlo con los dátiles sin hueso, el cacao en polvo, las almendras y el huevo.
2. Triturar con una batidora, añadiendo la harina de coco, hasta conseguir una masa uniforme.
3. Vierte la mezcla en una taza y ponla en el microondas a 600 vatios durante 2 minutos.

Este mug cake sabe muy bien con un poco de sirope de agave o miel.

CONSEJO

¿La masa es demasiado líquida? Sólo hay que añadir un poco más de harina hasta conseguir la consistencia deseada.

CANELA - ROLL MUG CAKE (SIN HUEVO)

Hmmm, ¡deliciosos rollos de canela! Hasta hoy, supongamos que pensabas que sólo se podían comprar rollos de canela en la panadería o el supermercado. En ese caso, supongo que te equivocas porque puedes hacerlos fácilmente tú mismo. ¡Disfruta de esta receta!

Tiempo de preparación: 5 minutos
Porciones: Para una porción

Ingredientes:
- Una cucharada de azúcar en polvo
- Una cucharadita de leche
- 40 gramos de harina
- Una porción de polvo de hornear
- Una cucharada de azúcar moreno o azúcar de flor de coco
- Media cucharadita de canela
- Cuatro cucharadas de agua
- Una cucharada de azúcar

Instrucciones:
1. En primer lugar, prepara el glaseado, que luego podrás aplicar al bollo de canela. Para ello, mezcla el azúcar en polvo con la leche hasta obtener una consistencia espesa.
2. Por otro lado, para la masa, combine la harina, el agua, el azúcar y la levadura en polvo y revuelva vigorosamente.
3. Enrolle esta mezcla en forma de salchicha, aplánela y espolvoree la canela y el azúcar por encima.
4. Enrolle la masa en forma de bollo de canela, colóquela en una taza y caliéntela en el microondas a 700 vatios durante 1 o 2 minutos.
5. Por último, vierte el glaseado por encima y disfruta.

El bollo de canela sólo debe cocinarse en el microondas durante poco tiempo, para que quede bonito, suave y cremoso.

MUG CAKE DE FRAMBUESAS Y ARÁNDANOS CON MENTA

¿Te apetece probar algo elegante? Este mug cake de frambuesas y arándanos con menta hará que tus papilas gustativas exploten. Los ingredientes aportan una nota afrutada a la receta, y la menta redondea un poco más el sabor. Sigue sabiendo mejor recién cogida, pero también puedes utilizar hojas de menta del supermercado para esta receta.

Tiempo de preparación: 5 minutos
Porciones: Para una porción

Ingredientes:
- 35 gramos de frambuesas
- 25 gramos de arándanos
- 40 gramos de azúcar
- Un huevo (tamaño medio)
- ½ paquete de azúcar de vainilla
- ⅛ cucharadita de sal (una pizca)
- Dos cucharadas de aceite de girasol
- 40 gramos de harina
- Una porción de polvo de hornear
- Una cucharadita de menta
- Una cucharadita de jarabe de frambuesa
- Opcional: una pizca de azúcar en polvo o azúcar espolvoreado

Instrucciones:
1. Lavar las bayas.
2. Batir el huevo con el azúcar, la sal y el azúcar de vainilla.
3. Añadir la harina, el aceite y la levadura en polvo y formar una masa uniforme.
4. Incorporar 25 gramos de frambuesas y 25 gramos de arándanos.
5. Picar la menta y añadirla.
6. Calentar en el microondas a 600 vatios durante 3 minutos.
7. Retirar el pastel y espolvorear con las frambuesas

restantes y el jarabe de frambuesa.

Puedes añadir una pizca de azúcar en polvo o espolvorear azúcar para decorar. Se pegarán al sirope de frambuesa, haciendo que el mug cake no sólo tenga un aspecto estupendo, sino también un sabor increíble.

MUG-BROWNIES

¿A quién no le gustan los pequeños trozos de brownie de chocolate que se deshacen en la boca al comerlos? La próxima vez que tengas un pequeño antojo y te mueras por comer unos brownies, no dejes de probar esta receta.

Opcionalmente, añada café para obtener una tarta de café

Tiempo de preparación: 5 minutos
Porciones: Para una porción

Ingredientes:
- Cuatro cucharadas de harina
- Cuatro cucharadas de azúcar
- Dos cucharadas de cacao para hornear
- Dos huevos (tamaño medio)
- Cuatro cucharadas de leche
- Dos cucharadas de aceite
- Cinco gotas de aromatizante con sabor a ron o a vainilla
- Cuatro trozos de chocolate con leche

Instrucciones:
1. Poner la harina, el azúcar, el cacao para hornear, la leche, el aceite y los huevos en una taza y mezclar con un tenedor.
2. Añadir unas gotas de aromatizante.
3. Poner la mezcla en el microondas a 700 vatios durante 3 minutos.
4. Mientras el microondas está funcionando, derrite tres trozos de chocolate.
5. A continuación, saca el mug cake del microondas, saca el brownie con un cuchillo y córtalo en trozos. Vierte el chocolate derretido sobre el brownie.
6. Picar la cuarta pieza en trozos pequeños y espolvorear sobre la salsa de chocolate.

BROWNIE DE CHOCOLATE FUNDIDO (SIN HUEVO)

¿Quieres llevar tu mug cake de brownie al siguiente nivel? Entonces puedes probar esta receta, ya que esta versión tiene un centro líquido que corre por encima de la masa cuando la sirves con una cuchara. Puedes recrear fácilmente un postre tan delicioso en casa.

Tiempo de preparación: 15 minutos
Porciones: Para una porción

Ingredientes:
- Seis cucharadas de harina
- Tres cucharadas de cacao para hornear
- Una porción de polvo de hornear
- Una pizca de sal
- Dos cucharadas de leche
- Tres cucharadas de aceite
- Cuatro chips de chocolate medianos
- Una cucharada de crema de chocolate
- Cinco cucharadas de leche
- Un poco de azúcar en polvo

Instrucciones:
1. Poner la harina, el cacao para hornear, la sal, la levadura en polvo, la crema de chocolate, el aceite de cocina y la leche en una taza y mezclar bien hasta obtener una masa homogénea.
2. Aplastar, poner las chispas de chocolate en el centro y volver a encerrar con la masa.
3. Poner la masa en el microondas a 800 vatios durante 2 minutos.
4. Espolvorear el brownie terminado con un poco de azúcar en polvo.

BERRY - MUG CAKE DE YOGUR

El chocolate es delicioso, pero esto no sería un libro de recetas de mug cake si no tuviéramos variaciones creativas en la tienda. Este delicioso mug cake de bayas y yogur es una de ellas porque tiene un sabor agradablemente cremoso. Además, las bayas redondean el sabor y le dan una nota afrutada.

Tiempo de preparación: 10 minutos
Porciones: Para una porción

Ingredientes:
- 30 gramos de mantequilla
- Un huevo (tamaño medio)
- 40 gramos de harina
- Tres cucharadas de azúcar
- 1 ½ cucharaditas de azúcar de vainilla
- Una porción de polvo de hornear
- Cuatro cucharaditas de yogur natural
- 40 gramos de mezcla de bayas
- Una pizca de aroma de vainilla
- Unos cuantos arándanos

Instrucciones:
1. Mezclar la mantequilla derretida con el huevo, la harina, el azúcar de vainilla y el aroma de vainilla y añadir la levadura en polvo.
2. Mezclar las bayas con el azúcar con una batidora.
3. Añade la mitad de la mezcla de bayas al yogur e incorpórala a la masa.
4. Poner la masa en el microondas durante 2 minutos a 700 vatios.
5. Ahora vierte la otra mitad de la mezcla de bayas sobre el mug cake terminado.
6. Espolvorear con arándanos y disfrutar.

TARTA DE TAZA BAJA EN CARBOHIDRATOS

¿Quieres cuidar tu figura o estás a dieta? No hay problema, porque este mug cake bajo en carbohidratos apenas contiene hidratos de carbono. Si utilizas un sustituto del azúcar como el eritritol o el xilitol, te ahorrarás unas cuantas calorías más. El secreto aquí es la harina de coco, que utilizamos como sustituto de la harina normal.

Tiempo de preparación: 15 minutos
Porciones: Para una porción

Ingredientes:
- 1 ½ cucharadas de xilitol o eritritol (sustituto del azúcar)
- Una o dos gotas de aroma de vainilla para hornear
- Una cucharadita de mantequilla derretida
- Tres cucharadas de leche
- Un huevo (tamaño medio)
- Una cucharada de harina de coco
- Dos cucharadas de jarabe sin azúcar
- Gotas de chocolate sin azúcar añadido
- Una cucharada de harina de almendras

Instrucciones:
1. Ponga la mantequilla derretida en una taza con el sustituto del azúcar, el aroma para hornear, la leche y el huevo.
2. Mezclar y añadir la harina de almendras y la harina de coco.
3. Aplastar la mezcla homogénea, espolvorear con las gotas de chocolate y volver a mezclar para formar un bulto.
4. Poner la masa en la taza y calentar en el microondas durante 2-3 minutos a 600 vatios.
5. Cubra con jarabe sin azúcar y sirva.

PASTEL DE PROTEÍNAS EN TAZA

En este libro, por supuesto, también hemos pensado en los deportistas (de fuerza). La ingesta suficiente de proteínas es esencial para que los músculos crezcan. Pero las proteínas también te mantienen saciado y pueden tener un sabor especialmente bueno. Esta receta de mug cake de proteínas le muestra que la nutrición deportiva no siempre tiene que estar asociada a la renuncia. Su sabor es delicioso y tiene buenos valores nutricionales para el desarrollo muscular.

Tiempo de preparación: 10 minutos
Porciones: Para una porción

Ingredientes:
- Veinticinco gramos de proteína de suero con sabor a vainilla.
- Dos huevos
- Una porción de polvo de hornear
- Tres cucharaditas de leche
- Una cucharada de eritritol
- Dos cucharaditas de cacao para hornear
- 20 gramos de harina de coco
- Una cucharada de crema de chocolate con proteínas

Instrucciones:
1. Combinar todos los ingredientes excepto la crema de chocolate proteica y calentar en el microondas a 600 vatios durante 2 ½ minutos.
2. Retirar de la taza con un cuchillo, colocar en un plato y cortar en trozos pequeños.
3. Untar con la crema proteica de chocolate y disfrutar.

TARTA DE CARAMELO CRUJIENTE (SIN HORNEAR)

¿Te apetece un delicioso mug cake pero no tienes ganas de hornear? Sí, la preparación de este mug cake de caramelo crujiente puede llevar un poco más de tiempo, pero te aseguramos que su sabor es sencillamente magnífico. La mezcla de caramelo combina perfectamente con las galletas de mantequilla, y el sabor a vainilla le da un toque extra. ¡Deberías probar esta receta!

Tiempo de preparación: 4 horas
Porciones: Para una porción

Ingredientes:
- Tres galletas de mantequilla
- 35 gramos de queso crema
- 35 gramos de yogur de vainilla
- Una pizca de aroma de vainilla o de ron
- 35 gramos de yogur griego
- 10 gramos de azúcar moreno
- Dos cucharaditas de mantequilla
- 15 ml de nata
- Una pizca de sal
- Dos cucharaditas de azúcar

Instrucciones:
1. Tritura dos galletas de mantequilla y mézclalas con una cucharadita de mantequilla derretida para la base.
2. Repartir uniformemente en el fondo de la taza.
3. Combine el yogur de vainilla, el yogur griego, el aromatizante, la media cucharadita de azúcar y el queso crema en un bol aparte.
4. Poner en el frigorífico durante 3 horas.
5. Coger el azúcar restante y derretirlo en un cazo a fuego medio para la salsa de caramelo. Cuando se haya derretido casi todo, añade la sal, la mantequilla y la nata, removiendo constantemente.
6. Sacar la taza de la nevera y verter la salsa de caramelo por encima. Desmenuza la tercera galleta y espolvorea

por encima.

PLÁTANO - SPLIT MUG CAKE (SIN LECHE)

Este delicioso mug cake de banana split no sólo tiene un buen sabor, sino que se puede hacer sin ningún tipo de leche. Sin embargo, recomendamos añadir una cucharada de nata o de leche de soja para que la masa sea un poco más cremosa. Pero esto no es imprescindible. Completa esta receta con una bola de helado de vainilla.

Tiempo de preparación: 10 minutos
Porciones: Para una porción

Ingredientes:
- Un plátano (preferiblemente maduro)
- Un huevo (tamaño medio)
- Una cucharadita de azúcar de vainilla
- 1 ½ cucharada de azúcar
- Una cucharada de nata
- 40 gramos de harina
- Una porción de polvo de hornear
- Una cucharadita de cacao para hornear
- Dos trozos de chocolate negro
- Una bola de helado de vainilla

Instrucciones:
1. Triturar tres cuartas partes del plátano con un tenedor: A continuación, añadir la leche, el huevo, el azúcar de vainilla, el azúcar, la nata, la harina, la levadura en polvo y el cacao para hornear y mezclarlo todo.
2. Calentar en el microondas a 800 vatios hasta que la masa suba, durante unos 2 minutos.
3. Cortar la cuarta parte restante del plátano en pequeñas rodajas y colocarlas sobre el mug cake.
4. Servir con el chocolate y una bola de helado.

TARTA DE CEREZAS

¿Te apetece un delicioso pastel de cerezas? Entonces este mug cake puede ser justo lo que necesitas. Es rápido de preparar, huele delicioso y puede poner una sonrisa en tu cara incluso en un mal día.

Tiempo de preparación: 5 minutos
Porciones: Para una porción

Ingredientes:
- Una cucharada de mermelada de cereza
- 15 cerezas
- Un huevo
- 40 gramos de harina
- Una cucharada de azúcar
- Una cucharada de azúcar de vainilla
- Una porción de polvo de hornear
- Cinco gotas de aroma de vainilla

Instrucciones:
1. Haga un puré con 10 cerezas y mézclelas con el huevo, la harina, el azúcar, el azúcar de vainilla, el aroma y la levadura en polvo.
2. Poner la mezcla en el microondas durante 2 minutos a 800 vatios.
3. Espolvorear la mermelada de cereza por encima y cubrir con el resto de las cerezas.

Esta receta sabe simplemente deliciosa con té de frutas.

MUG CAKE CON REMOLACHA

¿Un mug cake con remolacha? ¿Puede tener buen sabor? Sí, sin duda. Debería probar esta creativa e innovadora receta. Incluso si aún no has adquirido el gusto por la remolacha, puede valer la pena probar este mug cake. Todo lo que necesitas son los ingredientes que aparecen aquí, una taza, un microondas y unos diez minutos de tiempo.

Tiempo de preparación: 10 minutos
Porciones: Para una porción

Ingredientes:
- 40 gramos de remolacha
- 25 gramos de harina de almendra
- 10 gramos de cacao para hornear
- Una cucharada de aceite
- Una cucharadita de mantequilla
- Un huevo
- Dos cucharaditas de pulpa de manzana
- Una cucharada de leche
- 25 gramos de crema agria

Instrucciones:
1. Batir los huevos junto con la pulpa de la manzana.
2. Mezclar la leche, el aceite y el jengibre, seguido del cacao, la levadura en polvo y la harina de almendras.
3. Picar la remolacha y añadirla también.
4. Vierte todo en una taza y hornea a fuego medio durante 15 minutos.
5. Retirar y servir con un poco de crema agria.

La remolacha puede mancharse rápidamente, por lo que se recomienda no llevar ropa blanca si es posible y utilizar guantes.

MUG CAKE DE GALLETAS CRUJIENTES (SÓLO 3 INGREDIENTES)

Esta receta es casi demasiado fácil para ser verdad. Sólo necesitas tres ingredientes, y el resultado tiene un sabor fabuloso. Solo necesitas dos galletas dobles, un poco de helado y 100 ml de leche de soja.

Tiempo de preparación: 3 minutos
Porciones: Para una porción

Ingredientes:
- Dos galletas dobles
- 100 ml de leche de soja
- Una bola de helado de Cookie Dough

Instrucciones:
1. En primer lugar, pon las dos galletas dobles en la taza y vierte 50 ml de leche de soja sobre ellas.
2. Después, las galletas deben estar un poco ablandadas para que puedas aplastarlas con una cuchara o un tenedor.
3. A continuación, añadir el resto de la leche de soja hasta obtener una masa uniforme.
4. A continuación, colóquelo en el microondas a 700 vatios durante 2 minutos.
5. Cubra con una bola de helado de masa de galletas y disfrute.

CONSEJO

También puedes aderezar tus mug cakes un poco con colorante alimentario. ¿Ya conoces el mug cake Arco Iris? Toma una receta básica de tu elección y añade los colores adecuados uno tras otro.

Simplemente añade una capa de color, seguida de una capa de masa. Continúa alternando hasta que tengas un mug cake arco iris perfecto.

Su creatividad no tiene límites.

TARTA DE COCO PARA TAZAS

Este mug cake de sueños de coco puede transportarte (al menos mentalmente) a las próximas vacaciones. Tiene un sabor a coco delicioso y refrescante, y además, la mantequilla que utilizamos para esta receta le da su toque. Así que si buscas una receta de mug cake innovadora, ¡deberías probar esta!

Tiempo de preparación: 5 minutos
Porciones: Para una porción

Ingredientes:
- 30 gramos de mantequilla
- Cuatro cucharaditas de azúcar moreno
- Una cucharada de nata
- Un huevo (tamaño medio)
- Cuatro cucharaditas de copos de coco
- 40 gramos de harina
- Una porción de polvo de hornear
- ¼ de cucharadita de ralladura de limón
- Cinco gotas de aroma de vainilla

Instrucciones:
1. Batir el huevo en un bol aparte y luego añadir la nata, tres cucharaditas de copos de coco, el azúcar, la ralladura de limón y la mantequilla derretida.
2. Remover enérgicamente y, a continuación, añadir la harina, el aroma y la levadura en polvo hasta obtener una masa homogénea.
3. Introducir en el microondas a 600 vatios durante 3 minutos.
4. Dejar enfriar un poco y espolvorear con el resto de los copos de coco.

MUG CAKE SIN GLUTEN (VEGANO, SIN LEVADURA)

Si tienes una intolerancia al gluten o simplemente prefieres comer sin gluten por razones de salud, este mug cake es para ti. El gluten, por cierto, es la proteína del gluten que se encuentra en el centeno o la avena, entre otros. Afortunadamente, incluso con un estilo de vida sin gluten, no tienes que sacrificar el sabor porque los mug cakes como este pueden ser bastante deliciosos. Por cierto, el agua con gas sirve como alternativa a la levadura en polvo.

Tiempo de preparación: 5 minutos
Porciones: Para una porción

Ingredientes:
- 40 gramos de harina sin gluten
- Dos cucharadas de cacao para hornear
- Una cucharada de leche de almendras
- Una cucharada de aceite de girasol
- Tres cucharaditas de jarabe de arce
- Una cucharada de gotas de chocolate vegano
- Dos cucharaditas de coco rallado
- 30 ml de agua con gas

Instrucciones:
1. Mezclar la harina sin gluten con el cacao para hornear, la leche de almendras, las gotas de chocolate, el aceite, dos cucharaditas de sirope de arce y una cucharadita de coco rallado.
2. Introduce la mezcla en el microondas a 600 vatios durante 2,5 minutos. Cuando saques el mug cake terminado de la taza, puedes servirlo en un plato y verter el jarabe de arce restante por encima.
3. Espolvorear una cucharadita de coco rallado por encima como cobertura.

A menudo puedes encontrar harina sin gluten y gotas de chocolate vegano en las tiendas de productos ecológicos o en Internet.

MUG CAKE DE LECHE CONDENSADA AL RON

Este mug cake tiene un sabor simplemente delicioso. En esta versión utilizamos leche condensada comercial, como la que conoces del supermercado. La mantequilla sirve como portadora de sabor y hace que el sabor típico de la leche condensada destaque más.

Tiempo de preparación: 10 minutos
Porciones: Para una porción

Ingredientes:
- 1/5 lata de leche condensada (80 ml).
- Un huevo (tamaño medio)
- 30 gramos de mantequilla
- 40 gramos de harina
- Una porción de polvo de hornear
- Una cucharadita de nata
- Cinco gotas de aroma de ron

Instrucciones:
1. Mezclar todos los ingredientes hasta obtener una masa firme.
2. Engrasar la taza de antemano y luego poner la masa en ella.
3. Introducir en el microondas a 800 vatios durante 2 minutos.

Este mug cake también sabe bien con un trago de ron.

PROBABLEMENTE LA TARTA MÁS FÁCIL DEL MUNDO

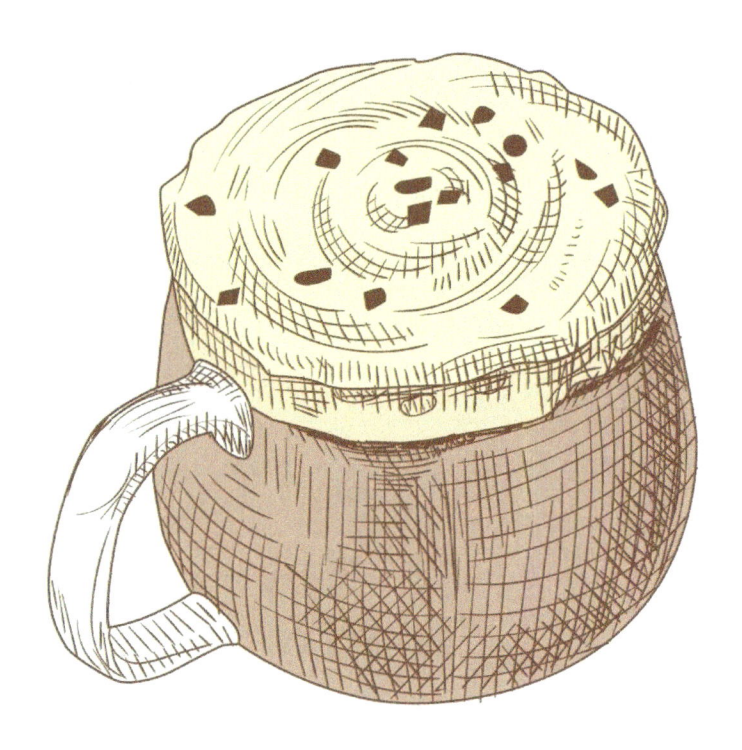

Este mug cake es sencillo y rápido de hacer. ¿Quieres ponerte cómodo en una noche de cine y buscar la merienda perfecta? Este pastel de aquí es rápido de hacer y tiene un sabor delicioso. Sólo necesitas 3 minutos de tiempo, un poco de harina, un huevo y un poco de crema de chocolate.

Tiempo de preparación: 3 minutos
Porciones: Para una porción

Ingredientes:
- 40 gramos de harina
- Un huevo
- 100 gramos de crema de chocolate

Instrucciones: Mezclar los tres ingredientes y calentar en el microondas a 800 vatios durante 1,5 minutos.

Este mug cake va muy bien con té o café.

MUG CAKE DE MANTEQUILLA DE CACAHUETE (VEGANO)

La mantequilla de cacahuete no sólo sabe bien, sino que además te mantiene lleno. Esta receta tiene un agradable sabor a nuez y además es vegana. Si quieres darle un poco de sabor a esta versión, también puedes espolvorear algunos cacahuetes o frutos secos de tu elección sobre el mug cake terminado.

Tiempo de preparación: 10 minutos
Porciones: Para una porción

Ingredientes:
- 25 gramos de harina
- Dos cucharadas de leche de avena
- Una cucharada de jarabe de arce
- Una porción de polvo de hornear
- Dos cucharaditas de azúcar de vainilla
- 35 gramos de mantequilla de cacahuete
- Dos trozos de chocolate vegano

Instrucciones:
1. Mezclar la harina, la leche de avena, el jarabe de arce, la levadura en polvo, el azúcar de vainilla y la mantequilla de cacahuete hasta obtener una masa homogénea.
2. A continuación, añada el chocolate y extiéndalo uniformemente.
3. Calentar en el microondas a 800 vatios durante 1 ½ minutos y disfrutar.
4. Opcionalmente, añada unos cuantos cacahuetes picados para la cobertura.

También puedes utilizar mantequilla de anacardos, mantequilla de pistachos o mantequilla de almendras. A excepción de la mantequilla de frutos secos, la receta sigue siendo la misma.

VAINILLA - FRESA - PASTEL DE TAZA CRUJIENTE

Las galletas hacen que este mug cake de vainilla y fresas sea agradable y crujiente, y las fresas le dan un sabor afrutado. Por otro lado, las notas de vainilla provienen principalmente del azúcar de vainilla. Aun así, puedes añadir aromatizante de vainilla para que el sabor destaque aún más.

Tiempo de preparación: 7 minutos
Porciones: Para una porción

Ingredientes:
- Seis fresas
- Cuatro cucharaditas de azúcar de vainilla
- Cuatro gotas de aroma de vainilla
- Un huevo (tamaño medio)
- Tres cucharadas de leche
- Dos cucharadas de aceite de cocina
- 30 gramos de harina
- Tres galletas de mantequilla
- Una cucharadita de mermelada de fresa
- Dos cucharaditas de mantequilla derretida
- Una porción de polvo de hornear

Instrucciones:
1. Desmenuzar dos galletas de mantequilla y mezclarlas con la mantequilla. Repartir uniformemente en el fondo de la taza.
2. A continuación, mezcle los ingredientes esenciales (huevo, azúcar de vainilla, harina, aceite de cocina, leche, aromatizante, levadura en polvo) hasta obtener una masa.
3. Añade una galleta de mantequilla hecha puré y tres fresas hechas puré.
4. Mételo en el microondas durante 3 minutos a 600 vatios.
5. Mientras tanto, mezcle tres fresas en puré con la mermelada de fresa y la cucharadita de azúcar de vainilla.
6. Verter sobre el pastel terminado y disfrutar.

MUG CAKE DE VAINILLA Y AVENA CRUJIENTE

Esta receta es relativamente similar a la anterior. Sin embargo, esta vez incorporamos avena laminada y omitimos las fresas. Te sorprenderá lo delicioso que sabe este mug cake.

Tiempo de preparación: 10 minutos
Porciones: Para una porción

Ingredientes:
- Cuatro cucharaditas de azúcar de vainilla
- Cuatro gotas de aroma de vainilla
- Un huevo (tamaño medio)
- Tres cucharadas de leche
- Dos cucharadas de aceite de cocina
- 30 gramos de harina
- Cinco cucharaditas de harina de avena (crujiente)
- Tres cucharadas de aceite de cocina
- Una porción de polvo de hornear

Instrucciones:
1. Mezclar los ingredientes básicos (todo excepto la harina de avena).
2. Añade los copos de avena. Asegúrese de que permanezca entera, ya que esto mantendrá el mug cake crujiente.
3. Calentar en el microondas a 800 vatios durante 2 ½ minutos.

TARTA DE TAZA POWER MATCHA

El matcha es una excelente alternativa al café. Contiene mucha cafeína y es rico en fitoquímicos y antioxidantes. Por ello, algunos lo denominan también un superalimento. El polvo de matcha ya da a este mug cake un color verde, por lo que no es necesario añadir ningún colorante alimentario adicional.

Tiempo de preparación: 10 minutos
Porciones: Para una porción

Ingredientes:
- Un huevo (tamaño medio)
- Dos cucharadas de mantequilla
- Media cucharadita de matcha
- 35 gramos de harina
- Dos cucharadas de leche
- Una pizca de sal
- Una porción de polvo de hornear
- Tres cucharadas de azúcar
- Una cucharadita de azúcar de vainilla
- 1 ½ cucharada de agua hirviendo

Instrucciones:
1. Mezclar el huevo con la mantequilla, la harina, la leche, la levadura en polvo, el azúcar y la sal hasta obtener una masa uniforme.
2. Mezclar la matcha con el agua hirviendo y añadirla a la masa.
3. Calentar en el microondas a 700 vatios durante 2 ½ minutos.

El matcha tiene un fuerte sabor propio, por lo que es mejor no usar demasiado. Media cucharadita es suficiente.

MUG CAKE DE CARAMELO SIN HUEVO

¡Qué fastidio! Se te antoja algo dulce y te das cuenta de que no quedan huevos en la nevera. El fastidio es aún mayor cuando además te das cuenta de que todas las tiendas están cerradas. Por suerte, existe esta estupenda receta que puedes preparar sin ningún tipo de huevo. Encontrarás todo lo que necesitas en la lista de ingredientes.

Tiempo de preparación: 10 minutos
Porciones: Para una porción

Ingredientes:
- Dos cucharadas de azúcar
- Una cucharadita de canela
- 60 ml de leche
- 40 gramos de harina
- Una porción de polvo de hornear
- Cinco cucharaditas de aceite
- 50 gramos de manzanas

Para el caramelo:
- 50g de azúcar
- Una pizca de sal
- 50 g de nata
- 15g de mantequilla

Instrucciones:
1. En primer lugar, prepare el caramelo. Para ello, basta con poner el azúcar en un cazo y repartirlo uniformemente. Encienda el fuego a temperatura media hasta que el caramelo se derrita ligeramente. No lo remuevas. Añade la mantequilla y la nata y mézclalo todo cuando el azúcar se haya derretido. Ten cuidado, ¡está caliente! Añade un poco de sal cuando el caramelo se haya enfriado (aproximadamente después de 10 minutos).
2. Triturar las manzanas junto con la leche y el aceite con la ayuda de una batidora. Vierte la mezcla en una jarra

y añade el azúcar, la canela, la harina y la levadura en polvo.
3. Calentar en el microondas a 800 vatios durante 2 minutos y luego verter sobre el caramelo.

¿Quieres que el caramelo sea aún más cremoso? Entonces añade un poco más de nata.

MUG CAKE CON LIMONADA DE

NARANJA

¿Qué puede ser más refrescante que un vaso de refresco de naranja en verano? Es cierto que este mug cake no quita la sed, pero sí satisface el hambre de algo dulce. Su sabor es deliciosamente afrutado y el ácido carbónico que contiene le da a esta variante ese toque especial. Este mug cake es ideal para impresionar a sus invitados.

Tiempo de preparación: 5 minutos
Porciones: Para una porción

Ingredientes:
- Un huevo (tamaño medio)
- Un chorrito de zumo de limón
- Dos cucharadas de azúcar
- 50 ml de refresco de naranja
- Una mandarina
- 40 gramos de harina
- 15 gramos de mantequilla
- Una porción de polvo de hornear
- Una cucharadita de azúcar en polvo
- Opcional: 2 cucharaditas de azúcar espolvoreado

Instrucciones:
1. Mezclar el azúcar en polvo con unos chorros de refresco de naranja para hacer un glaseado espeso.
2. Pele y descorazone una mandarina y mezcle la mitad con el zumo de limón, la levadura en polvo, el azúcar, el refresco de naranja, la harina y la mantequilla. Utiliza una

batidora para ello.
3. Poner todo esto en una taza y calentar en el microondas a 600 vatios durante 3 minutos.
4. Luego sácalo y ponlo en un plato.
5. Vierta el glaseado por encima y añada algunas espirales de azúcar.
6. Cubra con los trozos de mandarina restantes.

MUG CAKE DE CAPUCHINO CON CHOCOLATE BLANCO

Combinado con chocolate blanco, un mug cake de capuchino sabe de maravilla. Si pensabas que un capuchino sólo podía beberse en una taza, deja que esta receta te sorprenda: Ahora también puedes comer tu capuchino, ¡y sabe perfecto! ¡Disfruta de tu comida!

Tiempo de preparación: 15 minutos
Porciones: Para una porción

Ingredientes:
- 10 gramos de granos de chocolate moca
- 30 gramos de mantequilla
- 5 gramos de azúcar
- 15 gramos de azúcar de vainilla
- 10 gramos de azúcar en polvo
- Cinco trozos de chocolate blanco
- Un huevo (tamaño medio)
- 40 gramos de harina
- 10 ml de licor de café
- Una cucharadita de café instantáneo
- ½ cucharada de cacao de repostería + una pizca de cacao de repostería para la cobertura
- Una porción de polvo de hornear
- Una cucharada de leche

Instrucciones:
1. Rallar el chocolate blanco en trozos pequeños.
2. Separar el huevo y luego llevar la clara a un recipiente aparte.
3. Batir las claras de huevo junto con el azúcar de vainilla, con la ayuda de una batidora, hasta obtener una clara de huevo batida.
4. Mezclar las yemas de huevo en otro recipiente, junto con la mantequilla derretida, el cacao en polvo, la leche, el azúcar, la harina y el café instantáneo, y luego añadir un poco de licor de café.

5. Triturar los granos de moca de chocolate y añadirlos a la mezcla, añadiendo ¾ de los trozos de chocolate blanco.
6. Ahora vierte la mezcla de la masa en la taza y hornea durante 10 minutos a fuego medio.
7. Sácalo, vierte las claras de huevo batidas por encima y vuelve a meter el conjunto en el horno durante otros 5 minutos hasta que las claras batidas se doren.
8. Retirar y espolvorear con una pizca de cacao para hornear y el resto de las chispas de chocolate blanco.

MUG CAKE CON TROZOS DE FRUTA (SIN LEVADURA)

Esta receta es adecuada para los que tienen prisa y para los amantes de los pasteles de frutas. Puedes elegir tú mismo qué frutas son las ideales para ti. Recomendamos utilizar simplemente una mezcla de frutas en conserva, pero este mug cake sabe aún mejor si se utilizan algunas frutas frescas en su lugar.

Tiempo de preparación: 10 minutos
Porciones: Para una porción

Ingredientes:
- 40 gramos de harina
- Dos cucharadas de azúcar
- ⅓ taza llena de fruta picada
- Un huevo
- Dos cucharadas de aceite de girasol
- 40 ml de agua con gas

Para la cobertura:
- ⅕ taza llena de fruta pequeña cortada.
- ½ cucharada de azúcar de vainilla

Instrucciones:
1. En primer lugar, lavar, pelar y deshuesar la fruta.
2. Se tritura con una batidora o un mezclador y se mezcla con el azúcar, la harina, el huevo y el aceite de girasol.
3. Añade un poco de agua con gas
4. Calentar en el microondas a 600 vatios durante 3 minutos.
5. Para la cobertura, ponga el azúcar de vainilla y la fruta finamente picada en una batidora y mézclelos.
6. Vierta la cobertura sobre el pastel.

TARTA DE NUECES CON HELADO DE CHOCOLATE

Este mug cake de nueces con helado de chocolate tiene un sabor delicioso. Si lo prefiere, puede utilizar almendras, pistachos o avellanas. Puede ajustar las cantidades en consecuencia.

Tiempo de preparación: 10 minutos
Porciones: Para una porción

Ingredientes:
- Dos cucharadas de nueces molidas
- Una porción de polvo de hornear
- Una cucharada de leche
- 1 ½ cucharadas de aceite
- Dos cucharadas de azúcar
- Un huevo (tamaño medio)
- Una bola de helado de chocolate
- 4 gotas de sabor a nuez para hornear
- Una cucharadita de mantequilla de cacahuete

Instrucciones:
1. Romper las nueces, sacar el interior y molerlas con un mortero
2. Añadir un poco de leche, aceite, azúcar, levadura en polvo, huevo, aromatizante y mantequilla de cacahuete y mezclar hasta que la masa se vuelva cremosa
3. A continuación, hornear durante 15 minutos en el horno a fuego medio.
4. Servir con helado de chocolate.

Si se añade media cucharada de zumo de limón a la masa, el mug cake quedará más esponjoso.

TARTA DE CIRUELAS Y PONCHE DE HUEVO

La combinación de ponche de huevo y ciruelas es perfecta para un mug cake. Sin embargo, si no te gusta el alcohol, puedes dejarlo fuera de esta receta.

Tiempo de preparación: 10 minutos
Porciones: Para una porción

Ingredientes:
- Una pizca de canela
- 90 gramos de ciruelas
- ½ cucharada de almendras picadas
- Un huevo (tamaño medio)
- 40 gramos de harina
- Tres cucharadas de azúcar
- Una pizca de ponche de huevo
- Una porción de polvo de hornear
- Una cucharadita de leche de soja

Instrucciones:
1. Mezclar el ponche de huevo con ¾ del azúcar, el aceite, la levadura en polvo y la harina.
2. Si la masa está demasiado líquida, añadir un poco más de harina.
3. Enrollar la masa en forma de salchicha y aplanarla.
4. Mezclar el azúcar restante con las almendras y la canela, añadir una cucharadita de leche de soja y triturar todo en trozos pequeños. Extiende la mezcla sobre la masa aplanada, amásala de nuevo y ponla en la taza.
5. Calentar en el microondas a 500 vatios durante 4 minutos.

También puedes disfrutar de este mug cake con un vaso de ponche de huevo.

MUG CAKE DE REQUESÓN CON MELOCOTÓN FRESCO (SIN AZÚCAR AÑADIDO)

¿Una ronda de tarta de melocotón para todos? Esta receta es rápida de preparar y tiene un sabor increíble. La cuajada tiene incluso un poco de proteína, por lo que este pequeño mug cake también te mantiene lleno.

Tiempo de preparación: 10 minutos
Porciones: Para una porción

Ingredientes:
- Media lima
- Medio huevo
- 20 gramos de harina de coco
- Una porción de polvo de hornear
- 15 gramos de eritritol
- Un melocotón
- 80 gramos de requesón bajo en grasa

Instrucciones:
1. Lavar el melocotón y cortarlo en trozos pequeños.
2. Retire la piel de la lima con un rallador y exprima el zumo de lima en un recipiente aparte hasta que salgan unos 70 ml de zumo de limón.
3. Mezclar todos los ingredientes, incluyendo la mitad de los trozos de melocotón, y calentar en el microondas a 800 vatios durante 2 minutos.
4. Añade el resto de los melocotones por encima y disfruta.

MUG CAKE VEGANO: RECETA BÁSICA

¿Vives en un entorno vegano o te apetece probar una nueva receta?

Entonces deberías preparar un mug cake vegano. Esta variante no contiene ningún producto de origen animal, pero sigue teniendo un gran sabor. ¡Los platos veganos pueden ser increíblemente deliciosos cuando se preparan correctamente!

Tiempo de preparación: 5 minutos
Porciones: Para una porción

Ingredientes:
- Tres cucharadas de harina
- 11 cucharaditas de leche de soja
- Una cucharada de cacao para hornear
- Medio paquete de azúcar de vainilla
- Una porción de polvo de hornear
- Media cucharada de zumo de limón
- Una cucharada de aceite

Instrucciones:

La receta básica de un mug cake vegano es bastante sencilla. Por supuesto, puedes añadir frutas, chocolate vegano u otros ingredientes deliciosos a tu gusto.

1. Lo único que hay que hacer es mezclar todos los ingredientes y removerlos bien.
2. Poner la masa en el microondas a 800 vatios durante 2 minutos, y el mug cake vegano debería estar listo.

Esta receta básica sabe especialmente bien con copos de coco o mantequilla de cacahuete. También puedes añadir una cucharadita de café instantáneo y chocolate vegano.

DONUT - MUG CAKE

Este mug cake sabe a donuts. Así que si no te apetece ir corriendo a la tienda de donuts más cercana, puedes hacer el tuyo propio fácilmente. Incluso te mostraremos cómo conseguir un agujero en el centro.

Tiempo de preparación: 10 minutos
Porciones: Para una porción

Ingredientes:
- Tres cucharadas de Harina Autolevante (harina instantánea).
- Tres cucharadas de azúcar moreno
- Dos cucharaditas de canela en polvo
- ½ huevo batido (medio)
- Dos cucharadas de leche
- 1 ½ cucharada de mantequilla derretida
- Dos gotas de aroma de vainilla

Para el glaseado:
- Dos cucharadas de azúcar en polvo
- ½ cucharada de leche
- Opcional: un poco de colorante alimentario
- Espolvoreado de azúcar

Instrucciones:
1. En primer lugar, mezcle los ingredientes secos (harina, azúcar, canela en polvo)
2. Añade los ingredientes húmedos (huevo, leche, mantequilla, aromatizante) hasta que no veas grumos.
3. Enrolla un poco de papel de hornear y colócalo en el centro para hacer el agujero en el medio. A continuación, calienta en el microondas durante 2 minutos en la posición máxima.
4. Mientras tanto, prepare el glaseado: Para ello, basta con mezclar el azúcar en polvo con la leche y añadir el colorante alimentario.
5. Retirar el papel de horno, verter el glaseado por encima, espolvorear con azúcar en polvo y dejar enfriar.

TARTA DE SUERO DE LECHE

Casi demasiado fácil para ser verdad. El pastel de suero de leche que quizá recuerdes de la casa de la abuela también está disponible en forma de mug cake. Tiene el mismo sabor que esperas que tenga, y además puedes prepararlo en un abrir y cerrar de ojos. Todo lo que necesitas para ello, lo hemos enumerado aquí. Quedará aún mejor si espolvoreas unos copos de coco por encima.

Tiempo de preparación: 10 minutos
Porciones: Para una porción

Ingredientes:
- Dos cucharadas de suero de leche
- Un huevo (tamaño medio)
- Cinco cucharadas de harina
- Una porción de polvo de hornear
- Dos cucharaditas de azúcar de vainilla
- Dos pizcas de ralladura de limón
- Tres cucharaditas de azúcar

Para el glaseado:
- Una cucharada de suero de leche
- Dos cucharaditas de azúcar en polvo
- 5 gramos de copos de coco

Instrucciones:
1. Para el mug cake de suero de leche, primero hay que conseguir una taza.
2. Aquí, puede añadir el huevo, el azúcar, dos cucharadas de suero de leche y la cáscara de limón, y luego remover con cuidado.
3. A continuación, incorporar la harina y añadir la levadura en polvo y el azúcar de vainilla. Colocar en el microondas durante 2 minutos, a 800 vatios.
4. Vierta una cucharada de suero de leche y espolvoree con coco rallado.
5. Para el glaseado, necesitarás una cucharada de suero de leche y dos cucharaditas de azúcar en polvo. Mézclalo todo y viértelo sobre el mug cake terminado.
6. Espolvorear con copos de coco.

TARTA DE CEREZAS DE LA SELVA NEGRA (SIN ALCOHOL)

La tarta de cerezas de la Selva Negra también se conoce como tarta de la Selva Negra y es muy popular, especialmente en Alemania. Existe desde 1915 y aún hoy goza de gran popularidad.

Tiempo de preparación: 10 minutos
Porciones: Para una porción

Ingredientes:
- Dos cucharadas de mantequilla derretida
- 40 gramos de chocolate (negro)
- Seis cucharaditas de harina
- Una pizca de sal
- Dos cucharadas de mermelada de cereza
- Una porción de polvo de hornear
- Tres cucharadas de azúcar
- Dos cucharadas de leche
- Un huevo (tamaño medio)
- Una cereza
- Dos trozos de chocolate con leche
- 500 ml de nata doble
- Una cucharadita de azúcar de vainilla

Instrucciones:
1. Batir la crema doble junto con una cucharadita de azúcar de vainilla hasta que esté dura.
2. A continuación, derrite la mantequilla y el chocolate negro y ponlos en una taza.
3. Añadir la harina, la levadura en polvo, la sal, el azúcar, el huevo y la leche, mezclar hasta obtener una masa e incorporar una cucharada de mermelada de cereza.
4. Introducir en el microondas a 600 vatios durante 2 minutos.
5. Saca el mug cake del microondas y úntalo con una cucharada de mermelada de cereza.
6. Poner la nata doble batida de manera uniforme sobre el pastel.

7. Rallar el chocolate con leche en trozos pequeños y espolvorear por encima.
8. Coloca la cereza como decoración en el mug cake terminado y disfruta.

Esta es la receta sin alcohol. Sin embargo, el mug cake de cereza de la Selva Negra también sabe bien con un trago de licor de cereza.

MUG CAKE CON ARÁNDANOS Y SEMILLAS DE AMAPOLA

Para este mug cake, puedes utilizar tanto arándanos secos como frescos. Sin embargo, creemos que sigue teniendo mejor sabor con los frescos. Puedes conseguirlos en casi cualquier tienda de alimentos saludables o en línea.

Tiempo de preparación: 10 minutos
Porciones: Para una porción

Ingredientes:
- Dos cucharaditas de arándanos rojos
- 35 gramos de harina
- Una porción de polvo de hornear
- Cuatro cucharaditas de azúcar moreno
- Una cucharadita de azúcar de vainilla
- Una pizca de sal
- ⅓ cucharada de semillas de amapola
- 15 gramos de mantequilla
- 40 gramos de crema agria
- Medio huevo (tamaño medio)
- ½ cucharadita de jarabe de arce

Instrucciones:
1. Lavar bien los arándanos y volver a secarlos.
2. Mezclar el azúcar, el azúcar de vainilla, la harina, la sal y las semillas de amapola en un recipiente aparte.
3. Añadir la mantequilla, la crema agria y la mitad del huevo.
4. Incorporar los arándanos.
5. Poner el conjunto en el horno durante 20 minutos a 170 grados.
6. Vierta un poco de jarabe de arce sobre el pastel terminado.

También puedes preparar este mug cake en el microondas.

TARTA DE PIÑA COLADA

La Piña Colada es un delicioso pastel de taza con sabor a piña y coco. El nombre viene de la palabra española "Piña", que se traduce como piña. Esta mezcla de piña y coco es más conocida por los cócteles, pero también puedes disfrutarla en un mug cake. Te mostraremos cómo puedes prepararlos fácilmente por ti mismo.

Tiempo de preparación: 10 minutos
Porciones: Para una porción

Ingredientes:
- 30 gramos de mantequilla
- Una cucharadita de azúcar
- Una cucharadita de azúcar de vainilla
- Tres cucharadas de jarabe de Piña Colada
- Un huevo (tamaño medio)
- Una pizca de sal
- Una porción de polvo de hornear
- Una cucharada de leche
- Dos cucharadas de coco rallado
- 40 gramos de harina

Instrucciones:
1. Mezclar la mantequilla derretida con el azúcar, el azúcar de vainilla, la sal, el huevo y dos cucharadas del sirope de piña colada.
2. Añadir la harina, la levadura en polvo, la leche y una cucharada de coco rallado.
3. Introducir en el microondas durante 2 minutos a 700 vatios.
4. Sacar y verter una cucharada de jarabe de piña colada.
5. Espolvorear con una cucharada de coco rallado.

Puedes preparar tú mismo el sirope de piña colada mezclando tres partes de leche de coco con una parte de zumo de piña. Un poco de azúcar en polvo hará que el sirope sea más espeso.

MUG-CHEESECAKE (SIN HARINA)

La tarta de queso, tal y como la conocemos hoy, existe desde el siglo XIV. La primera receta se remonta al francés Taillevent. Según la tradición, esta deliciosa tarta ha resistido el paso del tiempo. Se hornea con requesón, huevos, azúcar y mantequilla hasta hoy. Aquí le mostramos cómo prepararlo rápidamente en una taza.

Tiempo de preparación: 10 minutos
Porciones: Para una porción

Ingredientes:
- 15 gramos de mantequilla
- 10 gramos de albaricoques secos
- 20 gramos de azúcar
- Un huevo (tamaño medio)
- Una porción de polvo de hornear
- Media cucharada de zumo de limón
- Una cucharadita de azúcar de vainilla
- 70 gramos de requesón bajo en grasa
- Media cucharada de sémola
- Un limón
- Media cucharada de almendra en grano molida
- Una cucharadita de azúcar en polvo

Instrucciones:
1. Batir la mantequilla, el azúcar y el azúcar de vainilla con una batidora de mano hasta que quede esponjoso
2. Añadir los huevos y la cuajada baja en grasas, la levadura en polvo, las almendras molidas y la sémola.
3. Ralla dos puntas de la piel del limón y exprime media cucharada de zumo de limón. Añade ambas cosas a la mezcla de cuajada.
4. Vierte todo en una taza y luego hornea a 170 grados durante 25 minutos.
5. Decora el mug cake terminado con azúcar en polvo y disfruta.

MUG CAKE SIN HARINA

¿No tienes harina en casa? No hay problema, porque puedes preparar este mug cake a conciencia sin harina. Ni siquiera necesitas un sustituto de la harina, sólo estos cinco ingredientes, con los que podrás preparar un delicioso mug cake. ¡Que te diviertas horneándolo!

Tiempo de preparación: 10 minutos
Porciones: Para una porción

Ingredientes:
- Medio plátano (preferiblemente maduro)
- Un huevo (tamaño medio)
- Cinco cucharadas de avena
- Dos cucharadas de leche
- Una porción de polvo de hornear

Instrucciones:
1. Triturar el plátano con un tenedor
2. Añadir el huevo, la avena, la leche y la levadura en polvo.
3. Poner todo en una taza y calentar en el microondas durante 2 minutos a 700 vatios.

Para la versión vegana, puedes utilizar leche vegetal. Si no quieres usar huevo, puedes añadir un plátano entero en lugar del huevo.

MUG CAKE DE MANZANA Y CANELA

Si te gusta la combinación de manzanas frescas con una canela de ensueño, ¡te encantará este mug cake de manzana y canela! ¡Y no es nada difícil de preparar! En pocos minutos, ya puedes disfrutar de tu mug cake de manzana y canela.

Tiempo de preparación: 10 minutos
Porciones: Para una porción

Ingredientes:
- ¼ de manzana
- 30 gramos de mantequilla
- Un huevo (tamaño medio)
- Media cucharada de zumo de limón
- Una cucharada de avena
- 30 gramos de harina de trigo
- Una cucharadita de leche
- Una porción de polvo de hornear
- ¼ de cucharadita de canela
- Dos cucharadas de azúcar

Instrucciones:
1. Lavar la manzana y cortarla en trozos pequeños.
2. Añadir media cucharada de zumo de limón.
3. Batir el huevo junto con el azúcar con la ayuda de una batidora.
4. Mezclar la mantequilla derretida con la avena, la harina, la canela, la levadura en polvo y la nata
5. Añade el huevo e incorpora los trozos de manzana.
6. Poner en el microondas a 700 vatios durante 2 minutos.

¿Por qué no pruebas un mug cake de ciruelas y canela o un mug cake de peras y canela? Simplemente sustituye la manzana por ciruelas o peras.

TARTA DE CHOCOLATE CON MENTA

Este mug cake de menta y chocolate tiene un sabor agradablemente refrescante y garantiza la satisfacción de su antojo de algo dulce.

Tiempo de preparación: 20 minutos
Porciones: Para una porción

Ingredientes:
- 10 gramos de mantequilla
- 15 gramos de azúcar en polvo
- 25 gramos de ricotta
- Un poco de colorante alimentario verde
- Cuatro trozos de chocolate con menta
- Una porción de polvo de hornear
- Dos cucharadas de azúcar
- Dos cucharadas de harina
- Dos cucharadas de avena
- Dos cucharadas de menta fresca
- Una pizca de sal
- Un huevo (tamaño medio)
- Tres gotas de aroma de vainilla

Instrucciones:
1. Lave cuidadosamente la menta, séquela y pique las hojas.
2. Batir un huevo mediano (yema+blanca de huevo) con el azúcar y una pizca de sal, utilizando una batidora de mano.
3. Añadir la harina, el aceite, la menta y la levadura en polvo.
4. Vierta la masa en la taza y distribuya los dos trozos pequeños de chocolate rallado uniformemente en la masa.
5. Poner en el microondas a 700 vatios durante 2 minutos.
6. Mientras tanto, bata la mantequilla blanda con una batidora de mano hasta que la mantequilla adquiera una consistencia cremosa.
7. Añadir el azúcar en polvo, la ricotta y el aroma de vainilla.

8. Añade un poco de colorante alimentario verde y extiende la mezcla sobre el mug cake terminado.
9. Utilice el chocolate de menta restante para decorar y disfrute.

PASTEL DE TAZA DE CONFETI

Este mug cake es muy colorido y tiene un sabor delicioso. Puedes conseguir azúcar espolvoreado en cualquier tienda de comestibles. Si utilizas un poco de colorante alimentario, este mug cake de confeti queda aún más bonito.

Tiempo de preparación: 15 minutos
Porciones: Para una porción

Ingredientes:
- 35 gramos de harina
- Una porción de polvo de hornear
- Una pizca de sal
- Un huevo (tamaño medio)
- Dos cucharadas de leche
- Dos cucharadas de aceite
- Cuatro cucharadas de aroma de vainilla
- Tres cucharadas de confeti espolvoreado
- Un poco de colorante alimentario
- Tres cucharadas de azúcar

Instrucciones:
1. Mezclar la harina con el azúcar, la sal, la levadura en polvo, la leche, el aceite, el aroma de vainilla y una cucharada de confeti.
2. Poner en capas la masa y el colorante alimentario en una taza.
3. Poner en el microondas a 800 vatios durante 1 ½ minutos.
4. Añade una cucharada de confeti en la parte superior de tu mugcake.

GRACIAS

Estimado lector,

También hemos llegado al final de este libro. Esperamos que te lleves muchas recetas nuevas y emocionantes y que ya hayas probado algunas de ellas.

Por supuesto, siempre puedes consultar este libro cuando quieras preparar una nueva receta.

Si te ha gustado el libro, nos encantaría que dejaras una reseña en Amazon.

Te deseamos lo mejor y que te diviertas mucho volviendo a hornear.

DESCARGO DE RESPONSABILIDAD

No asumimos ninguna responsabilidad, toda la información es sin garantía. Queremos señalar que la compra y el consumo de bebidas alcohólicas están reservados exclusivamente a personas mayores de edad. Nos distanciamos expresamente de la venta y el consumo por parte de menores de edad, así como de todos los daños materiales y personales que puedan derivarse o haberse derivado de las recetas aquí indicadas. También apelamos al uso responsable. Algunos ingredientes pueden provocar alergias u otras complicaciones, por lo que debe consultar previamente a su médico. Queda excluida cualquier responsabilidad del autor, del editor o de otras personas implicadas en relación con este libro.

Responsabilidad por el contenido

El contenido de nuestras páginas se ha creado con el mayor cuidado. Sin embargo, no podemos garantizar la exactitud, integridad y actualidad de los contenidos. Como proveedor de servicios, somos responsables de los contenidos de estas páginas según el § 7 párrafo 1 de la TMG en virtud de las leyes generales. Sin embargo, según los §§ 8 a 10 de la TMG, no estamos obligados, como proveedores de servicios, a controlar la información transmitida o almacenada por terceros ni a investigar las circunstancias que indiquen una actividad ilegal. La obligación de eliminar o bloquear el uso de la información en virtud de las leyes generales no se ve afectada. Sin embargo, la responsabilidad en este sentido sólo es posible a partir del momento en que se conoce una infracción concreta de la ley. Si tenemos conocimiento de tales infracciones, eliminaremos inmediatamente los contenidos correspondientes.

Responsabilidad de los enlaces

Nuestra oferta contiene enlaces a páginas web externas de terceros, sobre cuyos contenidos no tenemos ninguna influencia. Por lo tanto, no podemos asumir ninguna responsabilidad por estos contenidos externos. El responsable del contenido de las páginas enlazadas es siempre el respectivo proveedor u operador de las mismas. En el momento de establecer el enlace, comprobamos las páginas enlazadas para detectar posibles infracciones legales. Los contenidos ilegales no fueron reconocidos en el momento de la vinculación. Sin embargo, un control permanente de los contenidos de las páginas enlazadas no es razonable sin pruebas concretas de una violación de la ley. Si tenemos conocimiento de alguna infracción, eliminaremos dichos enlaces inmediatamente.

Copyright

Los contenidos y obras creados por los operadores del sitio en estas páginas están sujetos a la ley alemana de derechos de autor. La duplicación, el procesamiento, la distribución o cualquier forma de comercialización de dicho material más allá del alcance de la ley de derechos de autor requerirá el consentimiento previo por escrito de su respectivo autor o creador. En la medida en que el contenido de este sitio no haya sido creado por el operador, se respetan los derechos de autor de terceros. En particular, los contenidos de terceros están identificados como tales. Por favor, infórmenos en consecuencia si tiene conocimiento de una infracción de los derechos de autor. Si tenemos conocimiento de alguna infracción, eliminaremos dicho contenido inmediatamente.

PIE DE IMPRENTA

Información según el artículo 5 de la TMG
Arkady Müller
Gymnasialstraße 2
55543 Bad Kreuznach
Alemania
Representado por:
Arkady Müller
Contacto:
Teléfono: +90-5318247957
Correo electrónico: info.digitalupgrade@gmail.com
Responsable del contenido según § 55 Abs. 2 RStV:
Arkady Müller
Gymnasialstraße 2
55543 Bad Kreuznach

Printed in Great Britain
by Amazon